환경 오염, 지구가 아파요!

환경 오염, 지구가 아파요!

초판 인쇄 2021년 6월 25일   **초판 발행** 2021년 7월 15일
지은이 데이비드 웨스트 · 올리버 웨스트   **옮긴이** 이종원   **감수** 장미정
펴낸곳 지구별어린이   **펴낸이** 진영희   **출판등록** 2005년 8월 4일
주소 10403 경기도 고양시 일산동구 백마로 223, 630호
전화번호 031-905-9435   **팩스** 031-907-9438
전자우편 touchart@naver.com   **ISBN** 979-11-87936-44-2 77450

* 지구별어린이는 (주)터치아트의 어린이책 브랜드입니다.

WHAT ON EARTH IS?: POLLUTING OUR PLANET
Copyright © 2021 by David West Children's Books
All rights reserved.
This Korean edition was published by TouchArt Publishing Co., Ltd. in 2021 by arrangement with
DAVID WEST CHILDREN'S BOOKS through KCC(Korea Copyright Center Inc.), Seoul.

이 책은 (주)한국저작권센터(KCC)를 통한 저작권자와의 독점계약으로 (주)터치아트에서 출간되었습니다.
저작권법에 의해 한국 내에서 보호를 받는 저작물이므로 무단전재와 복제를 금합니다.

* KC마크는 이 제품이 공통안전기준에 적합함을 의미합니다.

 모델명: 환경 오염, 지구가 아파요! **제조년월**: 2021. 7. 15 **제조자명**: 지구별어린이
제조국: 대한민국 **주소**: 경기도 고양시 일산동구 백마로 223, 630호 **전화번호**: 031-905-9435

환경 오염,
지구가 아파요!

데이비드 웨스트 · 올리버 웨스트 지음

이종원 옮김 | 장미정 감수

지구별어린이

지은이 데이비드 웨스트

대학에서 그래픽 디자인을 공부하고 35년 넘게 어린이책을 만들고 있습니다.
어린이들의 호기심을 채워 주는 과학, 자연, 역사 등 다양한 분야의 논픽션 그림책을 만듭니다.
그가 쓴 책들은 영국, 미국을 비롯해 전 세계의 주요 어린이 추천 도서 목록에 선정되었으며,
미국에서는 주요 상을 받았습니다. 우리나라에 소개된 책으로《뇌 속의 놀라운 비밀》,
《어린이를 위한 발명과 발견 교과서》등이 있습니다. 현재 런던에 살고 있습니다.

지은이 올리버 웨스트

대학에서 3차원 컴퓨터 애니메이션을 공부하고 출판 분야에서 10년 넘게 일했습니다.
과학, 우주, 환경, 역사 등 다양한 분야의 책을 쓰고 디자인합니다.
현재 런던에 살고 있습니다.

옮긴이 이종원

1989년 서울 출생. 미국 워싱턴대학교(University of Washington)에서 미술사를 전공,
현대미술과 뉴미디어를 공부했습니다. 현재는 그림책 번역 일과 다양한 분야의 영상 제작을
하고 있습니다. 옮긴 책으로《안녕, 물!》,《옆집엔 누가 살까?》,《고래》,《늑대》등이 있습니다.

감수 장미정

자연과 사람이 더불어 행복한 세상을 꿈꾸는 환경교육가입니다.
대학에서 환경학을, 대학원에서 환경교육을 전공했습니다.
모두를위한환경교육연구소 대표로 재직 중이고, 한국외대와 서울대에서 환경교육 강의로
학생들을 만나고 있습니다. 한국에너지정보문화재단 비상임이사, (사)환경교육센터 이사,
환경부 환경교육진흥실무위원으로도 활동하고 있습니다. 지은 책으로《환경아, 놀자》(대표 집필),
《맑은 공기가 필요해!》등이 있고, 옮긴 책으로《기후 위기, 지구가 아파요!》등이 있습니다.

차례

높은 산부터 깊은 바다까지, 지구가 아파요 · 6

환경 오염의 원인 · 8   공기 오염 · 10

화석 연료와 스모그 · 12   오존층 · 14   산성비 · 15

쓰레기와 토양 오염 · 16   광산업과 산성 물질 · 18

살충제와 제초제 · 20   화학 비료 · 22

가축 배설물 · 24   녹조 현상 · 25

바다 오염 · 26   플라스틱 · 27

기름 유출 사고 · 28   해양 소음 · 30

하나뿐인 지구를 지키려면 · 32

용어 설명(본문 중 *표가 있는 낱말) · 33

지구와 지구에 살고 있는 사람들이 환경 오염 때문에 고통받고 있습니다.

환경 오염은 지구에서 가장 높은 산꼭대기에서도……

일부 등반가들이 쓰레기와 오물을 에베레스트 산에 버리고 갑니다.

깊은 바닷속에서도 일어나고 있어요.

지구에서 가장 깊은 바다인 마리아나 해구*에서도 비닐봉지가 발견되었어요.

공장에서 나오는 **화학 폐기물**을
산, 강, 바다에 몰래 버리기도 합니다.

화학 폐기물은 독성이 매우 강해서
심각한 **환경 오염**을 일으키지요.

시끄러운 소리와······

심한 소음은 사람과 동물을 고통스럽게 합니다.

너무 밝은 빛도 **환경 오염**의 원인이에요.

새와 나방 같은 곤충은 한밤중 환하게 켜진 전깃불에 혼란스러워해요.

유해 가스, 화학 물질, 미세 먼지 등이 **공기**를 **오염**시키는 주된 원인입니다.

공기 오염은 야생 동물에게도 나쁜 영향을 미치고 생태계*의 균형을 깨뜨려요.

자연재해도 공기를 오염시켜요.

화산 폭발은 기후를 변화시키고 농작물에 피해를 입힙니다.

숲에 불이 나면 주변이 온통 연기로 뒤덮입니다.

모래 폭풍은 거대한 먼지바람을 일으켜 태양빛을 가립니다.

화석 연료*를 사용할 때 나오는
엄청난 양의 해로운 가스는
우리가 숨 쉬는 **공기**를 **오염**시켜요.

공장과 화력 발전소, 대부분의 교통수단은 화석 연료를 사용합니다.

미세 먼지가 많은 날은
목이 따갑고 숨쉬기 힘들어요.
오염된 공기를 계속 마시면
호흡기병에 걸릴 수 있어요.

자동차의 배기가스나 공장에서 내뿜는 연기가
스모그가 되어 안개처럼 도시 전체를 뒤덮어요.

대기 오염 때문에
지구 온난화 속도가 빨라지고
오존층*이 파괴됩니다.

오존층은 태양으로부터 오는
해로운 광선을 막아 줘요.

카르만 라인* :
지구와 우주의 경계면

외기권*

열권*

중간권*

성층권*

대류권*

오존층

화석 연료에서 나오는 아황산가스* 같은 화학 물질은 산성비*를 내리게 해요.

공장에서 산성 가스를 내뿜으면……

공기 중의 물방울과 합쳐져 산성비가 내려요.

땅과 물을 오염시키는 산성비는 사람과 동물, 식물 모두에게 해로워요.

사람들이 **날마다 버리는 쓰레기**가
매립지에 **산**처럼 쌓여요.
쓰레기에서 흘러나오는
더러운 물질이
토양을 **오염**시킵니다.

한 사람이 하루 평균
약 **730그램**의 쓰레기를
버린다고 해요.

쓰레기 매립지에 비가 내리면 유독성 화학 물질이 지하로 스며듭니다.
오염된 지하수는 다시 주변을 오염시키고
강물이나 호수로 흘러들어 수중 생태계에 나쁜 영향을 줍니다.

광산업은 광물을 캐내기 위해 땅을 파헤치면서 동물의 **서식지**까지 파괴합니다. 광산에서 나오는 **독성 물질**은 환경 변화에 민감한 동물을 **멸종**시킬 수 있어요.

아시아 어느 지역에서는 석회암 광산 주변에 사는 여러 종류의 달팽이가 서식지 파괴로 멸종하고 말았습니다.

광산에서 나온 산성 물질이 빗물에 섞여 강으로 흘러들어가면 강물이 오염돼요.

물속에 녹아든 산성 물질이 물고기와 수초 같은 수중 생물을 죽입니다.
산성 물질 때문에 다리, 배, 배수 시설 등 금속 시설물도 녹슬어요.
물도 마실 수 없고 수영도 할 수 없어요.

농업도 환경을 오염시킵니다.
살충제와 제초제를 사용하면
생산량은 늘어나지만……

살충제는 농작물에 피해를 주는 해충을 없애지만
곡물 수분*의 70퍼센트를 담당하는 꿀벌까지 죽입니다.

환경과 주변 생태계의 균형을 깨뜨립니다.

농작물이 자라는 데 방해되는 식물을 없애기 위해 제초제를 사용해요. 그런데 제초제 때문에 식물이 죽으면 그 식물을 먹고 사는 새와 곤충도 피해를 입어요.

질산염 같은 화학 비료를
농작물에 뿌리면

농작물이 잘 자라고
생산량이 늘어나요.

하지만 **질산염**이 강과 호수로
흘러들어가 심각한 문제가 생깁니다.

질산염은 조류를 빨리 자라게 해 강과 호수가 온통 녹색 조류로 뒤덮입니다.
이것을 녹조 현상이라고 해요. 녹조 현상으로 생긴 조류가 죽으면 다시 수많은 박테리아가
번식해 산소를 모두 사용해 버려요. 결국 물고기나 수초 등 수중 생물들이 살 수 없게 되지요.

가축은 많은 양의 **똥과 오줌**을 배설합니다.
농장에서는 겨울 동안 가축의 배설물을
모아 두었다가 봄이 되면 들판에
거름으로 뿌려 줍니다.

배설물에서 나오는 질산염은
땅에 흡수되어 지하수를 오염시켜요.

가축의 배설물로 만든 퇴비에는 화학 비료처럼 질산염이 많은데
강물로 흘러들어가면 심각한 환경 문제를 일으켜요.

질산염에 **오염된 강물**은
바다 생태계에 나쁜 영향을 미칩니다.
녹조 현상으로 수많은 바다 생물이 죽고,
생명이 살 수 없는 곳이 점점 늘어나요.

햇빛이 녹조층을 통과할 수 없어요.

녹조 현상

물속에서 산소가 점점 사라져요.

산소와 햇빛이 없으면
바다 생물은 결국 죽게 돼요.

오늘날 바다에서 생명이 살지 못하는 지역은 400곳이 넘습니다.
모두 합하면 우리나라 면적의 약 2.5배인 243,500제곱킬로미터가량 됩니다.

심각한 **바다 오염** 때문에
바다 생물들이 고통받고 있어요.

바닷물이 산성화되면 산호를 비롯해 조개, 소라, 굴 같은 갑각류가 잘 자라지 못합니다.

화석 연료를 사용할 때 나오는
이산화탄소*는 바닷물을 **산성화**시킵니다.

우리가 날마다 사용하는 **플라스틱**도
바다 생물들을 위험에 빠트려요.
바다 생물들은 사람들이 버린 그물이나
줄에 얽히면 꼼짝없이 죽습니다.

플라스틱은 썩지 않고 시간이 흐르면서 더욱 잘게 쪼개져요. 아주 잘게 쪼개진 플라스틱 입자를 바다 생물이 바닷물과 함께 마시면 몸속에 고스란히 쌓입니다.

유조선*이나 시추선*의 **기름 유출 사고**도 **바다**를 **오염**시킵니다.

배나 비행기, 자동차, 심지어 잔디 깎는 기계에서 나오는 기름도 바다를 오염시켜요.

2010년, 미국에서 시추선 딥워터호라이즌 호 폭발 사고가 일어났어요.
폭발 후 5개월 동안 약 8억 리터의 기름이 멕시코 만으로 흘러들어갔습니다.

배에서 흘러나온 기름을 아무리 걷어내도 완전히 없애는 것은 불가능해요. 기름을 없앨 때 쓰는 화학 물질 역시 **환경**을 **오염**시켜요.

2007년, 우리나라에서도 유조선 허베이스프리트 호가 해상 크레인과 부딪치는 사고가 있었어요. 이 사고로 많은 양의 기름이 흘러나와 서해안 앞바다를 오염시켰습니다.

배에서 나는 엔진 소리나
음파 탐지기가 내는 **소음**으로
바다 생물들이 괴로워합니다.

석유를 찾기 위한 해저 탐사기 소리 때문에 바다 생물들이 목숨을 잃기도 합니다.

해군이 사용하는
음파 탐지기 때문에
고래들이 길을 잃기도 합니다.

호주 태즈메이니아 킹아일랜드 섬에서 수백 마리의 고래가
해안으로 올라와 떼죽음을 당한 일이 있었어요.
과학자들은 호주와 미국 해군의 음파 탐지기 영향이라고 믿고 있어요.

31

하나뿐인 지구를 지키기 위해 세계 여러 나라가 노력하고 있어요. **화석 연료** 사용을 획기적으로 줄이려는 노력은 지구를 지키는 데 큰 도움이 됩니다!

재활용품은 따로 분리해서 버려요.

음식물 쓰레기, 생활 쓰레기를 조금씩 줄여요.

비닐봉지나 일회용 플라스틱 사용을 줄이기 위해 다 함께 노력해요.

용어 설명

대류권 지구 대기권의 가장 아래층으로, 공기가 활발하게 이동하면서 구름과 비 같은 기상 현상이 일어난다.

산성비 대기 오염 물질이 대기 중의 수증기와 만나 황산이나 질산으로 변하여 빗물에 녹아 내리는 것. 자연과 생태계에 나쁜 영향을 주고 건축물도 손상시킨다.

생태계 어떤 장소에 사는 생물이 다른 생물 및 주변 환경과 서로 영향을 주고받는 것.

서식지 땅 위, 땅속, 강, 바다 등 특정 생물이 사는 자연환경.

성층권 대류권과 중간권 사이에 있는 지구 대기층으로 오존층을 품고 있다.

수분 꽃을 피우는 식물이 열매를 맺기 위해 수술의 꽃가루가 암술에 묻는 것. 벌이나 나비 같은 곤충들이 수분을 돕는다.

시추선 바다 밑에 묻혀 있는 석유 등을 찾기 위해 바다 밑바닥에 구멍을 뚫는 대형 배.

아황산가스 황을 태울 때 생기는 독성 있는 무색의 기체. 자극적인 냄새가 나며, 산성비의 원인이 되는 공해 물질이다.

열권 지구 대기권에서 중간권의 위쪽에 위치한 영역. 공기가 희박하고 태양의 복사열에 직접 노출돼 온도가 무척 높다. 고도가 높은 곳은 온도가 섭씨 600도 이상 오르기도 한다.

오존층 지표면으로부터 20~30킬로미터에 있는 대기층으로 오존 농도가 높다. 오존은 태양의 강렬한 자외선을 흡수하여 지구의 생물들을 보호하는 방패 역할을 한다.

외기권 지구 대기권의 제일 바깥층으로 공기가 거의 없다.

유조선 석유나 휘발유 등을 실어 나르는 대형 배.

음파 탐지기 음파를 이용해 물속에서 길을 찾거나 통신을 하거나 혹은 물체를 찾을 때 쓰는 장치.

이산화탄소 지구 대기권에서 자연적으로 발생하는 무색 기체. 화석 연료를 사용할 때 생기며 지구 온난화의 원인인 온실가스 발생에 큰 영향을 준다.

조류 물속에 사는 하등 식물. 식물의 기본 구조인 줄기, 뿌리, 잎 등의 구분이 없고 꽃도 피우지 않는다.

중간권 지표면으로부터 50~80킬로미터 높이에 있는 대기층으로 대기권에서 기온이 제일 낮다. 중간권의 끝부분은 영하 80~100도까지 내려간다.

카르만 라인 미국의 항공물리학자 시어도어 폰 카르만이 정의한 지구와 우주의 경계선으로 고도 100킬로미터를 기준으로 하며, 국제항공연맹에서는 카르만 라인을 넘으면 우주라고 한다.

해구 깊은 바다 밑에 움푹 들어간 좁고 긴 지형으로 경사가 몹시 가파르다. 수심이 보통 6,000미터 이상이다.

화석 연료 석유, 천연가스, 석탄 같은 연료. 땅에 묻힌 동물이나 식물이 오랫동안 열과 압력을 받아 만들어진다.